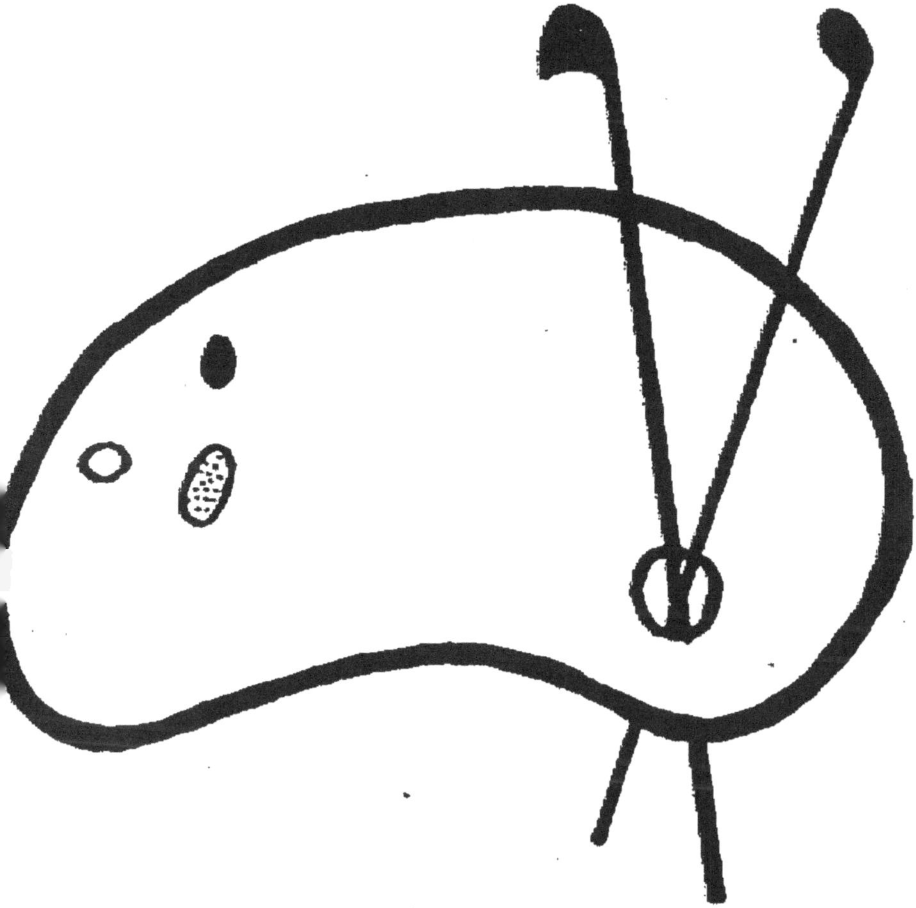

DEBUT D'UNE SERIE DE DOCUMENTS EN COULEUR

1745

OCCUPATION ESPAGNOLE

EMPRISONNEMENT

DE SIX DÉLÉGUÉS DE LA PROVINCE DE SAVOIE

AU CHATEAU FORT DE MIOLANS

CHAMBÉRY

IMPRIMERIE SAVOISIENNE, 5, RUE DU CHATEAU

1891

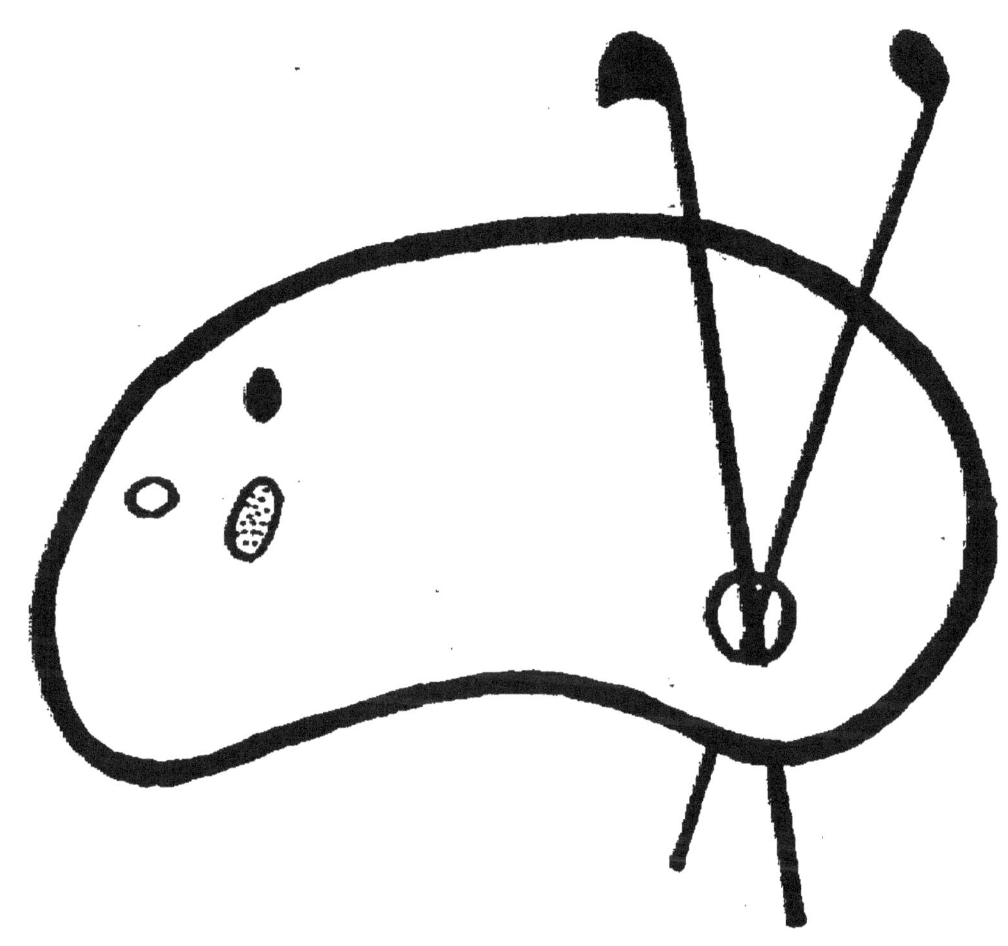

FIN D'UNE SERIE DE DOCUMENTS
EN COULEUR

1745

OCCUPATION ESPAGNOLE

EMPRISONNEMENT

DE SIX DÉLÉGUÉS DE LA PROVINCE DE SAVOIE

AU CHATEAU FORT DE MIOLANS

CHAMBÉRY

IMPRIMERIE SAVOISIENNE, 5, RUE DU CHATEAU

1891

1745

OCCUPATION ESPAGNOLE

EMPRISONNEMENT DE SIX DÉLÉGUÉS DE LA PROVINCE

DE SAVOIE

AU CHATEAU FORT DE MIOLANS

I

Un des faits les plus douloureux de l'histoire moderne de la Savoie a été l'occupation espagnole, commencée en 1742, complétée en janvier 1743 et terminée en janvier 1749, à la suite de la signature du traité d'Aix-la-Chapelle. Le souvenir de cette époque néfaste était encore très vivant dans nos campagnes il y a quelques années, bien plus en raison des exactions exercées par les envahisseurs que des combats livrés sur le territoire du Duché (1). C'est à peine si, dans le cours de ces cinq

(1) La commune de Chignin, canton de Montmélian, a été le siège d'un campement espagnol, dont l'hôpital était dans le cellier appartenant aujourd'hui aux Hospices de Chambéry et le cimetière dans la vigne qui entoure le cellier. J'ai vu découvrir, en cet endroit, des squelettes espagnols que les vignerons reconnaissaient fort bien à la conformation des crânes, et à qui ils n'adressaient pas précisément des compli-

années, on peut citer un fait d'armes digne de ce nom ; tout se borna à quelques engagements et à de nombreux mouvements de troupes nécessités par les grandes opérations militaires dont l'Italie fut le théâtre.

L'invasion de la Savoie figure parmi les épisodes de la guerre dite de la succession d'Autriche. L'empereur Charles VI étant mort en 1740, Marie-Thérèse, sa fille unique, s'était mise en possession de ses Etats, en vertu de la pragmatique sanction. L'Espagne, la Prusse, Naples, la Pologne et la Sardaigne prétendaient avoir des droits sur tout ou partie de la succession. Charles-Emmanuel III, roi de Sardaigne, avait pris parti pour Marie-Thérèse contre les Espagnols, qui, bientôt, s'emparaient de la Toscane et envoyaient une autre armée destinée à envahir les Etats du roi en Italie. Mais les obstacles qu'ils éprouvèrent les décida à changer de direction, et, favorisés par la neutralité bienveillante de la France, ils s'acheminèrent par la Provence et le Dauphiné La Savoie étant restée sans défense (1), ils y entrèrent sous le commandement de l'Infant don Philippe, second fils de

ments. En 1861, un paysan de Chignin, labourant son champ, a trouvé un trésor composé notamment de larges écus d'Espagne et du Pape : mais l'inventeur, qui était seul au moment de la découverte, a gardé le secret sur l'étendue et la composition de cette bonne fortune et n'a fait voir que quelques écus.

(1) La position géographique de la Savoie la rend très difficile à défendre contre une armée ennemie venant de l'ancienne France, notamment du Dauphiné, qu'une frontière pour ainsi dire idéale sépare de notre province. C'est pourquoi les princes de Savoie ont dû souvent abandonner leur pays natal, occupé successivement par les rois de France François Ier, Henri II, Henri IV, Louis XIII et Louis XIV, par les Espagnols, et enfin par le général Montesquiou en 1792. Les intérêts moraux et matériels des populations savoyardes ont considérablement souffert de ces changements incessants qui ne se reproduiront pas, il faut l'espérer, grâce au traité intervenu en 1860 entre Napoléon III et Victor-Emmanuel. L'ancien état de choses était tellement anormal que nos souverains éprouvaient parfois de sérieuses difficultés à ramener sur les Alpes les garnisons cantonnées dans les différentes villes du Duché. De là, croyons-nous, la clause

Philippe V et d'Elisabeth de Parme (1) ; ses troupes, au nombre de 18,000 hommes, traversèrent le col du Galibier et, le 2 septembre 1742, occupèrent Saint-Jean de Maurienne, où, le même jour, le Conseil de ville de Chambéry dépêcha M. l'avocat Dolin, l'un de ses membres, pour savoir si les Espagnols avaient logé à Saint-Jean, comment ils y avaient été reçus, la quantité et la qualité des fournitures qu'ils avaient exigées, l'époque de leur arrivée à Chambéry, les qualités et titres des officiers généraux. Les quatre syndics, qui étaient Messieurs le commandeur de Soyrier, Perret, Renaud et Dardel, furent choisis, avec le comte de Montjoye et M. de Saint-Marcel, pour aller en députation aux Espagnols, si cette démarche était demandée. Elle ne tarda pas à l'être, car, le 5 septembre, le comte de Glimes (2) manda par estafette l'ordre de lui envoyer sans retard des députés, et la ville enjoignit aux marchands de tenir boutique ouverte le jour de l'entrée des troupes et d'être fournis de provisions comme d'habitude. Le lendemain parut un édit du comte de Glimes où, après avoir récriminé contre le roi de Sardaigne à l'occasion de sa déclaration de guerre à laquelle il donne la date du 5 juillet, il enjoint à toutes les villes, bourgs et autres lieux du Duché d'envoyer au

de neutralisation de la Haute-Savoie insérée à l'article 3 du traité de 1815, en faveur de la Sardaigne, et dont le bénéfice peut être maintenant réclamé par la France seule — si elle le juge utile aux besoins de sa défense — comme ayant seule succédé, en cette partie, aux droits du roi de Sardaigne.

(1) S. A. R. le Sérénissime Infant don Philippe, grand amiral d'Espagne et des Indes et généralissime des armées de Sa Majesté Catholique en Italie, en Savoye et à Nice, etc. Ce prince avait épousé Louise-Elisabeth, fille aînée de Louis XV, appelée ordinairement Madame Première.

(2) Don Ignace-François de Glimes de Brabant, comte de Glimes, baron de Saint-Marc, seigneur de la Falice, commandeur de Belvis dans l'ordre d'Alcantara, capitaine général des armées de Sa Majesté Catholique et de la principauté de Catalogne, lieutenant-colonel du régiment des gardes italiennes et commandant général de l'armée qui est en Savoye sous les ordres du Sérénissime Infant don Philippe.

quartier général leurs députés, suffisamment autorisés, pour prêter obéissance, traiter et régler les contributions à fournir. En même temps, il ordonne la remise des armes et munitions, sauf pour les nobles portant l'épée auxquels il permet l'usage des fusils de chasse et des pistolets. Les syndics, conseillers, avocat et procureur de la ville eurent bientôt le même privilége, en raison de la noblesse de leurs fonctions.

Les quatre syndics étant partis pour Saint-Jean de Maurienne ne manquèrent pas d'emporter leurs robes de cérémonie et les bâtons, insignes de leur autorité ; mais écrit, non sans quelque mélancolie, le sieur Dardel, dans son manuscrit intitulé : *Cérémonial des syndics de Chambéry*, l'Infant ne voulut ni les robes, ni les bâtons.

Bientôt, la fourniture des fourrages, difficile à percevoir, fut convertie, sur la demande du baron d'Aviles, brigadier des armées de Sa Majesté, intendant général, en la somme lourde de 8,155 pistoles d'or par mois (en monnaie du pays, 135,576 livres, 17 sols, 6 deniers), qui ne fut jamais diminuée.

Tout aussitôt, le marquis de la Ensenada (1), intendant général de l'armée, prohiba la sortie des blés et des grains. La grande préoccupation des chefs espagnols fut la subsistance de leurs troupes et son organisation par l'intermédiaire des délégués choisis parmi les habitants. Les exigences furent énormes ; le quartier général ayant

(1) Don Cenon de Somodeville, marquis de la Ensenada, commandeur de Piedra Buena de l'Ordre d'Alcantara et de Carrizosa dans celui de Saint-Jacques, du Conseil de S. M., secrétaire de l'amirauté générale de l'Espagne et des Indes, intendant général de l'armée et marine, secrétaire d'État et de guerre de Mgr don Philippe, etc. Ce grand seigneur possédait, d'après Barbier (t. vi, p. 64), une vaisselle d'or beaucoup plus nombreuse que celle du roi de France.

Parmi les sous-ordres de l'Intendance, on trouve encore dans les registres de la ville MM. Acquaviva et Michel de Rippa, intendant de la province de Chambéry. Le portrait de celui-ci est conservé dans mon cabinet.

été établi à Aiguebelle, l'avant-garde occupa le 11 Montmélian, d'où le sieur Badin, directeur général des vivres, réclamait 150 quintaux de farine, 6,000 boisseaux d'avoine et, en outre, 8,000 rations d'avoine pour le quartier général. Le 13, le marquis de la Ensenada obligeait la ville de Chambéry à faire voiturer chaque jour au camp d'Aiguebelle 6,000 rations de pain, et 10,000 à Montmélian, à répartir sur les communautés de la province de Savoie ; le 24, les Etats de Savoie étaient taxés à 42,500 veissels en orge, seigle et avoine, et à 21,357 vaissels de froment, mais dès le lendemain cette fourniture était augmentée de 2,539 veissels de froment à destination des magasins de Montmélian. Il va sans dire que tout cela n'exemptait point des contributions en argent, des fourrages, logements, viande, etc. Rien n'était oublié, pas même la fourniture quotidienne de glace pour S. A. R. Comme entrée de jeu, le total de tant d'exigences n'était pas mince, aussi les emprunts contractés d'urgence par la ville de Chambéry n'ayant pu couvrir la dépense des dix premiers jours, elle dut voter un emprunt de 60,000 livres qui ne trouva pas preneur et, dans cet embarras, le Conseil accepta l'offre des religieuses Annonciades de lui payer, à charge de libération, la somme de 4,500 florins qu'elles devaient à l'hôpital de Saint-François. De plus, M. de Garbillion, avocat général, donna ordre de verser à la ville les blés de l'Aumône. La difficulté pour la répartition de tant de charges fut extrême et le conseil de ville appela à délibérer avec lui un grand nombre de personnes notables (1).

(1) Le Conseil de ville se composait alors des quatre syndics déjà nommés, des ex-consuls Chambre, Pacoret et Garrin, des conseillers Chollet, baron du Bourget, comte de Montjoye, Deville, de Saint-Marcel, Georges, Bavouz, Drivet, Girard, Bonjean, Fortis, Didier, avocat et procureur de ville, Sancey et Trollier. A la délibération du 14 septembre 1742, relative à

C'est dans cette détresse que l'on atteignit le mois d'octobre, au commencement duquel S. M. Sarde, ayant jugé à propos de prendre l'offensive, arriva de sa personne en Savoie avec vingt bataillons, deux régiments de cavalerie et quelques autres troupes descendues, les unes par le Petit-Saint-Bernard, les autres par le Mont-Cenis ; le 15, le roi était à Montmélian, où il fut salué le lendemain par les quatre syndics de Chambéry et le conseiller Fortis. Le nouveau gouverneur de la Savoie, baron de Lornay (1), et le comte de la Manta, commandant de la place de Chambéry, donnèrent aussitôt l'ordre de réparer les murs de la ville suivant le devis dressé par M. La Palme, ingénieur.

Quant aux Espagnols, ils quittèrent prestement tous leurs cantonnements pour se retirer en Dauphiné, sous le canon du fort de Barraux ; l'évacuation de Chambéry avait eu lieu le 14 octobre, à trois heures du matin ; ce fut alors un spectacle assez baroque. Les deux armées passèrent leur temps à s'observer, sans jamais livrer bataille, et la prudence parut être l'unique préoccupation de leurs chefs. Souvent rien n'est plus dangereux, car

une nouvelle répartition des charges, sont aussi intervenus l'Illustrissime et Révérendissime évêque de Grenoble, les Révérends chanoines de Carpinel, Rambert, Blanc, Quinson, promoteur Girod, vicaire Planoz, et Révérend Carron, curé de Cognin, l'Illustrissime et Révérendissime grand prieur d'Auvergne, le seigneur président de Taninges, les seigneurs marquis des Marches, marquis de Lucey, comte de Menthon, marquis d'Yenne, marquis d'Almogne, seigneur Salteur, M. Demotz, avocat général des pauvres, les seigneurs de Challoz, de Mareste, de Garneyrin, de Cernex, Morand, de Marcellaz, Dichat de Toisinge, de Veysin, Favier, baron de Saint-Oyen, Sarde de Caudie, avocat Dolin l'oncle.

Parmi les personnes envoyées auprès des Espagnols, on trouve M. de Saint-Marcel, le comte de Montjoie, M. de Buttet d'Entremont, les marquis d'Yenne et d'Arvillard, M. Hyacinte Lognoz, le procureur Pernet et Georges Révil.

(1) Baron de Lornay, commandeur des saints Maurice et Lazare, lieutenant général à armées de S. M., commandant du duché de Savoye et des armées de S. M. sous ses ordres.

l'imprévu se manifesta sous la forme d'un hiver cruellement rigoureux, d'épouvantables maladies se déclarèrent parmi les troupes sardes, désormais incapables de tenir la campagne, les désertions s'y mêlèrent et, à son grand désespoir, Charles-Emmanuel dut repasser en Piémont ; pendant la retraite, il commanda lui-même l'arrière-garde et la défendit avec le courage héréditaire de sa race contre la vive poursuite des Espagnols. Les souffrances de ces malheureuses troupes furent telles et si douloureuses les impressions ressenties par le roi que, de sa vie, il ne voulut revenir en Savoie.

Le baron de Lornay fut préposé à la défense du château d'Apremont, on ne sait pourquoi ; le château, peu fortifié et défendu par une poignée de troupes, ne pouvait fournir qu'une résistance insignifiante ; l'armée partie et les Espagnols demeurés maître du pays, il ne restait qu'à prendre patience et à faire épargner le pays. Cependant, le gouverneur jugea bon de soulever les habitants d'Apremont et de Saint-Baldoph, de les armer de piques et de fourches et de résister. Fâcheuse inspiration, car don Philippe ayant reçu des renforts, se décida à reprendre ses anciennes positions ; dès le 19 octobre 1742, quelques-unes de ses troupes, parties de Barraux, guidées à travers les Abymes de Myans par les gens de Chapareillan, assiégèrent le château d'Apremont, qui capitula après deux jours de canonnade, malgré la valeur de la garnison et des chevaliers-tireurs de Chambéry, commandés par M. de Saint-Oyen, auquel le guidon de cette ville avait été confié. A peine arrivés devant Apremont, les Espagnols, irrités contre les paysans du voisinage, mirent à sac les deux paroisses d'Apremont et de Saint-Baldoph, violant les femmes, répandant par les chemins tout le vin qu'ils ne pouvaient plus boire, détruisant les arbres, volant les bestiaux, brûlant les registres publics et particuliers, profanant les églises ; celle d'Apremont fut même totalement incendiée. Les détails de ces horreurs sont contenus dans les notices écrites par les deux curés en tête de leurs nouveaux registres de 1743, et ils les attribuent surtout à certaines troupes, que Révérend Dumollard, curé d'Apremont, désigne sous le nom de *Mignons* ou de Miquelets (1).

Les nouveaux syndics, MM. Deville, avocat Bavouz, Girerd, procureur, et Didier, qui avaient déjà été envoyés le 5 octobre faire leur cour à Charles-Emmanuel, eurent le 31 du même mois la pénible mission de présenter leurs hommages à l'Infant don Philippe. Le prince fit son entrée solennelle le 5 janvier 1743 et se contenta de toucher les clefs.

Le comte de Glimes ayant été disgracié, fut remplacé par le marquis de las Minas et le comte de Sada continua, comme auparavant, à remplir les fonctions de gouverneur.

____

(I) Ces deux procès-verbaux ont été publiés par Mgr Billiet dans les Mémoires de l'Académie de Savoie.

II.

A cette époque l'envahissement, qui n'avait encore été que partiel, s'étendit à tout le duché. On lit en effet dans les registres municipaux d'Evian une délibération du 13 janvier 1743 ayant pour objet l'établissement de casernes en vue de l'arrivée des troupes espagnoles ; une autre du 18, même mois, où le Conseil est prévenu que la ville aura dix-huit compagnies à loger et à faire subsister, et donne commission à spectable Charles, avocat, de se rendre à Vevey pour obtenir les fournitures nécessaires à la literie. La municipalité de Vevey fit à spectable Charles une excellente réception et lui procura toutes les facilités désirables ; aussi, le registre consulaire d'Evian fait-il à juste titre les éloges les mieux sentis de la générosité des Veveysans, en leur exprimant la plus vive reconnaissance. Le Conseil d'Evian était alors composé de MM. noble Deloys, premier syndic, spectable Gaspard Bordet, deuxième syndic, Amé de Blonay, spectable Charles, Dunant de Véron, Louis Amed de Bonnevaux et baron de la Bâtie, conseillers. Philippe Plagniat était châtelain royal et M. Roch enseigne dans la milice d'Evian. M. de Châtillon fut délégué pour aller prêter serment de fidélité à l'Infant et M. de Neuvecelle eut le même mandat pour la ville de Thonon.

Suit l'ordre donné par don Bernard de Estrada Nava y Angelo, lieutenant d'infanterie du régiment de Burgos, commissaire subdélégué, ministre de la guerre et finances de la province de Chablais et du baillage de Gaillard, de préparer des logements à Evian pour huit compagnies du régiment de Calatrava, qui arrivèrent le 28 janvier, précédant de vingt-quatre heures quatre autres compagnies du même régiment de cavalerie. Son lieutenant-colonel, don François d'Osonno y Herrera, donna quittance à la ville le 16 juillet 1743 des fournitures qu'elle avait eu à lui faire.

Toutes les villes et campagnes du duché de Savoie furent alors accablées d'impôts, de fournitures de tout genre et réduites aux plus déplorables extrémités ; en vain elles suppliaient Philippe V, et plus tard Ferdinand VI, son successeur, d'avoir pitié de la misère du peuple, tout fut inutile et même, dans la circonstance que je vais rapporter, il s'agit d'employer des Savoyards aux opérations de la guerre.

On se rappelle qu'aux premiers jours de l'invasion, le comte de Glimes ordonna l'envoi à Aiguebelle de députés pour traiter et régler les contributions à fournir.

Plus tard, le nombre de ces délégués fut fixé à huit ou neuf pour la province de Savoie, avec adjonction, suivant les cas, des députés des autres provinces. Placés comme intermédiaires entre les Espagnols et les habitants, les délégués étaient chargés de la mission épineuse de persuader aux uns de pas trop écraser les autres, et comme leurs arguments étaient à peine écoutés, il y avait plus d'empressement à sortir de tels emplois qu'à y entrer.

Ainsi passèrent trois pénibles années, dans le cours desquelles les arbres du Verney furent coupés et le château de Chambéry incendié (28 février 1743). En 1745, la guerre sévissait plus que jamais, l'Angleterre s'était unie à Marie-Thérèse et à la Sardaigne, la France et l'Espagne, son alliée, remportaient les plus grands succès. C'était l'année de la bataille de Fontenoy, de la conquête des Flandres, de l'occupation de presque tous le Milanais, de l'entreprise, alors heureuse, de Charles-Edouard contre le roi d'Angleterre, et les Espagnols étaient toujours installés en Savoie, où ils avaient composé comme suit la délégation locale.

« Don Grégoire de Muniain, conseiller de S. M. Catholique, brigadier de ses armées et secrétaire d'Etat et des guerres de S. A. R. le sérénissime Infant don Philippe, grand amiral d'Espagne et des Indes et généralissime des armées du Roy en Italie, en Savoye et à Nice, etc.

« Les travaux et les soins qui occupent continuellement la délégation générale de Savoye ayant engagé S. A. R. sur les représentations qui lui furent faites ayant son départ de Chambéry, de déclarer par son ordre du 5 février 1744, que son intention était qu'un nombre des anciens délégués eussent la liberté de sortir à la fin de l'année de ladite délégation pour être en état de vaquer à leurs affaires domestiques, à condition cependant qu'ils seraient remplacés par d'autres sujets capables, et sa dite Altesse Royale voulant bien agréer que le contenu audit ordre ait à présent son effet, permet à M. l'avocat général, comte Garbillion, à M. More et aux avocats Perrin et Pacoret de n'être plus du nombre desdits délégués, et Elle nomme pour intervenir à la susdite délégation et y faire les fonctions qui lui sont attribuées conjointement avec les autres délégués qui restent en place, M. Morand de Saint-Sulpice, M. Bally et les sieurs avocats et conseillers de la ville de Chambéry, Philippé et Bavouz, avec le sieur la Racine, aussi avocat et lieutenant du Consulat, leur ordonnant de faire avec assiduité lesdites fonctions, sous peine de désobéissance, de sorte que ladite délégation générale sera composée, pour l'année courante et jusqu'à ce qu'il soit autrement pourvu par S. A. R. ou par son commandant général en Savoye, des neuf

« sujets ci-après, savoir : de M. le marquis d'Yenne, de
« MM. Chambre, Guigue de Revel et de Saint-Jeoire,
« avec les autres cinq ci-avant nommés, outre les députés
« des provinces qui continueront d'assister aux assem-
« blées de la manière ci-devant établie, telle étant la
« volonté de sa dite A. R. A Nice, le 24 de janvier
« 1745.

« Signé : D. GRÉGOIRE DE MUNIAIN. »

(Archives du château de Chambéry.)

III

C'est à la délégation ainsi composée qu'il fut enjoint, dans le courant de la même année, d'ordonner une levée de 900 paysans destinés à servir de pionniers dans les environs du fort d'Exiles, en Piémont. On lit, en effet, dans les Mémoires historiques du marquis Costa de Beauregard (tome III, page 223) que les vues des armées coalisées de France et d'Espagne se portaient alors sur Alexandrie. « Mais cette ville était à couvert d'un
« grand corps d'armée, et surtout du camp retranché de
« Bassignana. L'esprit subtil et fécond en ressources du
« maréchal de Maillebois lui fournit le moyen de sur-
« monter ce double obstacle. Il s'attacha uniquement à
« séparer ses adversaires pour les affaiblir et pour les dé-
« truire. Il mit en mouvement tout ce qui pouvait rester
« de troupes françaises ou espagnoles *en Savoie*, en Dau-
« phiné et à Nice pour menacer *Exiles* et Ceva, afin de
« rappeler de ce côté l'attention du roi de Sardaigne, pen-
« dant que le comte de Gages, à la tête d'une forte divi-
« sion, marchant du côté opposé, s'empara de Parme,
« de Plaisance, de Bobbio, surprit Pavie et fit mine
« de vouloir envahir le Milanais tout entier. Ces ruses
« eurent un plein succès..... »

La levée de paysans réclamée à la délégation avait ainsi pour but de donner plus de corps à la démonstration sur Exiles ; mais l'affaire n'alla pas toute seule. Six délégués au moins prétendirent que les Savoyards ne devaient pas être envoyés hors du territoire du Duché et refusèrent d'ordonner la levée prescrite, probablement, par le comte Manuel de Sada y Antillion, toujours gouverneur du Duché. Les délégués récalcitrants étaient

MM. *Chambre, Guigue de Revel, Bally, avocats Bavouz, Philippe et Laracine,* contre qui fut prise une mesure de rigueur. Emprisonnés à Chambéry le 14 septembre 1745 pour avoir soutenu les droits de leurs concitoyens, ils furent expédiés le surlendemain en trois chaises de poste à la prison d'Etat de Miolans, château fort perché comme un nid d'aigle au-dessus de la vallée de l'Isère, à proximité de Saint-Pierre d'Albigny ; une partie de ce château existe encore aujourd'hui. Mais bientôt les principales dames de Chambéry ayant expédié par le courrier Lamarche des lettres de sollicitations à l'Infant, qui guerroyait en Italie, Son Altesse Royale, mise en joie par la victoire de Bassignana (27 septembre) et d'humeur naturellement courtoise, s'empressa d'accorder la grâce des prisonniers et, le 8 octobre, ils rentrèrent à Chambéry, après un déplacement involontaire de vingt-quatre jours.

Il est cruel de perdre la liberté, déchirant d'être arraché du foyer domestique, humiliant de subir la pression brutale de la main étrangère ; les six délégués éprouvèrent, il n'en faut pas douter, de bien pénibles émotions en quittant leurs familles pour franchir le seuil de la prison. Convenons cependant qu'ils furent traités honorablement, ils purent communiquer avec l'extérieur, recevoir des visites et des politesses, avoir des invités à leur table, comme en témoigne la pièce officielle suivante, qui m'a été signalée par M. de Jussieu, archiviste du département de la Savoie (1).

(1) Ce document a été publié en partie et peu exactement dans les *Origines féodales* de Léon Menabrea (Turin, 1865) ; cet auteur allègue par erreur qu'en 1745 le chevalier Leblanc était commandant de Miolans. Au premier moment de l'invasion, M. Leblanc était parti pour le fort de Bard (vallée d'Aoste), avec ses prisonniers, dont quatre périrent en route, et il ne rentra qu'à la paix. Le général Dufour, qui rapporte ces faits, parait avoir ignoré la détention des six délégués, de

ÉTAT DE LA DÉPENSE FAITE A L'OCCASION DE L'EMPRISONNEMENT ET TRADUCTION A MIOLANS DE MM. LES DÉLÉGUÉS CHAMBRE, GUIGUE DE REVEL, BALLY, AVOCATS BAVOUZ, PHILIPPE ET LARACINE, POUR N'AVOIR VOULU COMMANDER LES 900 PAISANS DANS LA PROVINCE DE SAVOYE POUR ALLER TRAVAILLER HORS DES ÉTATS, SOIT PROCHE D'EXILLE.

Pour la dépense faite pour nourriture pendant les 14, 15 et 16 septembre 1745. qu'ils sont restés en prison chez le traiteur Roissard, y compris le café, suivant la liste ci-jointe .... L. 34

Pour celle faite pour le même fait et chez Martinat sur la liste ci-jointe 18

Pour frais de géole et étraines aux domestiques du s^r concierge 12 10

Pour les trois chaises qui sont parties d'icy le 16 à 2 h. après midy pour les traduire à Miolans suivant la quittance du s^r Roullier 54

Pour étraines aux garçons voituriers 1 10

Pour les valets qui ont ramené à Saint-Pierre d'Alligny les chevaux dont MM. les délégués se sont servis pour monter à Miolans 1 10

Pour les touviers qui ont conduit leurs équipages depuis Saint-Pierre à Miolans 3

Pour les soldats qui ont porté leurs équipages dans leurs chambres 2

Pour celui qui a escorté les équipages depuis Saint-Pierre à Miolans 10

Pour leur souper du 16 septembre 6

même que celle de MM. de Garbillion, Foncet de Montailleur et Chamoule citée plus bas. Il n'en parle pas dans son livre très intéressant : *Miolans. prison d'État.* rédigé uniquement, à ce qu'il semble, d'après les documents conservés aux archives de Turin.

Pour étraines à un garçon qui a apporté une corbeille de vin par don du s‍ᵗ Curial...... 10

Pour étraines à un autre qui a apporté melon et artichaux, don du s‍ᵗ Armand............ 10

18 septembre. Pour le barbier qui est allé exprès de Saint-Pierre pour les raser........... 2

Pour étraines au valet de M. le commissaire... 1

Pour les repas des 17 et 18 septembre........ 22

Pour les deux jours de nourriture du valet qu'ils ont pris pour les servir................. 2

Pour étraines à une fille qui a apporté un pâté, don du s‍ᵗ Curial.................... 10

20. Pour les repas des 19 et 20, ayant eu le 19 4 étrangers à dîner, 3 le 20 et M. le commandant à souper avec les deux officiers et leurs valets.................... 34

Pour un garçon qui a apporté un panier de raisins........................ 10

Pour paille pour leurs lits............... 1

Au bouvier qui a apporté deux garde-paille pleins 10

Aux soldats qui ont rempli les autres trois garde-paille et porté dans leurs chambres........ 10

22. A ceux qui ont apporté de Saint-Pierre d'Albiguy six chaises................. 1

Pour trois bouteilles eau clairette........... 3 15

Pour café, sucre, biscuits et massepains pour faire politesse aux étrangers qui allaient les visiter....................... 21

23. Au garçon qui a porté depuis Saint-Pierre à Miolans café et sucre............... 10

Pour les repas des 21 et 22, ayant eu M. le commandant, deux officiers, des messieurs de Saint-Pierre, de même que pour Madame de

Revel et sa fille de chambre arrivée le 22...	33	
24. *Au garçon qui a apporté un pâté par don du s^r Curial*.................................	10	
Au barbier	2	
Pour paille pour le lit de Madame de Revel et sa fille de chambre, à celui qui l'a apporté..	1	10
Pour les repas des 22 et 24, ayant eu un officier et cinq étrangers.......................	37	13
Pour une petite caisse eau clairette du s^r Dardel..	9	10
Pour le port depuis Chambéry à Saint-Pierre..	15	
Pour le port depuis Saint-Pierre à Miolans...	5	
26. *Pour les repas des 25 et 26, ayant eu six étrangers et avec notre petit valet*.........	31	10
29. *Pour ceux des 27 et 28, de même*........	31	10
Pour 8 chevrotins.........................	1	
30. *Au barbier*...........................	2	
1er *octobre. Pour les repas des 29 et 30, ayant eu trois étrangers*........................	28	10
Pour 8... (?) massepains...................	2	14
Pour sucre et café........................	13	15
Pour le port.............................	10	
3. *Pour les repas des 1er et 3 octobre, ayant eu trois étrangers*........................	28	10
A celui qui a apporté du fruit et des artichaux, don du R^d curé........................	10	
Au garçon qui a apporté des truites par don du s^r Lombard............................	10	
A celui qui a apporté une corbeille de raisins, don du s^r Millioz........................	10	
5. *Pour les repas des 3 et 4, ayant eu le commandant et deux officiers*...................	28	10
Au barbier	2	
6. *Pour cinq pots de chambre qu'on n'avait pas payé*...................................	1	50

Pour les repas des 5 et 6, ayant eu cinq étrangers, y compris M. Operti et deux valets
étrangers 32 10

Au cuisinier Ducreux pour 17 jours qu'il a
cuisiné, à 15 sols par jour, attendu que l'hôtesse n'avait plus voulu nourrir........... 12 15

7. Pour les repas du 7, ayant eu trois étrangers
et deux valets............................... 24 50

8. Au petit valet Charlot qui nous a servi pendant notre séjour.......................... 6 12

Pour étraines au valet du commandant...... 5 60

À la servante de l'hôtesse................... 1

À ceux qui servaient à table et à un autre domestique de M. le commandant............ 4

Aux bouviers qui ont ramené nos équipages de
Miolans à Saint-Pierre.................... 3 50

Pour luminaire de la chapelle.............. 2 13

Aux soldats qui ont porté les équipages de la
chambre sur les chariots.................. 1 10

Pour frais de géôle aux soldats et aux sentinelles 6 80

Ledit jour, 8 octobre, pour notre diner à Saint-
Pierre, ayant eu six étrangers, et pour avoir
fait boire les voituriers, bouviers et les valets. 24

Au sᵣ Roulier, pour les trois chaises suivant le
reçu 36

Pour étrennes aux trois voituriers............ 1 10

À Lamarche, que les principales dames de la
présente ville ont envoyé exprès à l'armée porter
des lettres à S. A. R., pour représenter et
obtenir l'élargissement, accord avec lui à 5 l.
par jour et pour 35 jours, suivant acte reçu
ci-joint 175

(Copie textuelle de l'original existant
au Château de Chambéry.)

M. Curial, trois fois nommé dans l'état qui précède, était probablement un ascendant du général de division comte Philibert Curial, né en 1774 à Saint-Pierre d'Albigny, pair de France, grand-officier de la Légion d'honneur, etc., dont la gloire militaire brilla d'un si vif éclat dans les grandes guerres du commencement du siècle.

Ainsi finit galamment, grâce à l'influence toujours irrésistible des dames de Chambéry, une aventure commencée de fâcheuse façon ; quant aux 900 paysans, on ne sait s'ils partirent où s'ils restèrent.

IV

L'anecdote que je viens de rapporter présente quelque intérêt pour notre histoire municipale, pour l'Ordre des avocats, qui a compté trois prisonniers sur six, et pour les familles des délégués, pour la mienne surtout, car, par un singulier hasard, deux de mes bisaïeuls ont été réunis dans la même disgrâce et sous le toit de la même prison. Quelques mots sur eux.

Spectable Pierre Laracine, avocat au Sénat de Savoie, lieutenant, puis juge du Consulat en remplacement de M. de Vidonne, est l'auteur direct des diverses branches de la famille La Racine ou Laracine, qui existent actuellement en Savoie, en Italie et en Sicile. Il ne faut pas le confondre avec son frère Laurent, dont le nom revient fréquemment dans les registres municipaux du siècle passé. On trouve ce dernier d'abord receveur des deniers de la ville, pendant sept ans, avec le droit de faire placer ses armoiries dans le bureau du Conseil, au-dessus de celles du sieur Rey, trésorier (délibération du 23 août 1741) ; puis officier des pennons avec le grade de lieutenant le 14 mars 1742, conseiller de ville supplémentaire le 13 octobre suivant, « par égard, porte la délibération du « même jour, aux services réitérés qu'il a rendus et qu'il « continue à rendre à ladite ville. » Enfin quatre fois syndic, en 1749, 1756, 1764 et 1772.

Spectable Michel Bavouz, avocat au Sénat de Savoie, fut conseiller de ville pendant 38 ans consécutifs et quatre fois syndic, en 1750, 1759, 1765 et 1770 ; son nom est éteint ; ma grand'mère maternelle était sa fille. Il se retira de l'administration municipale le 20 mars 1776 et fut nommé conseiller honoraire par délibération du même jour.

Les familles des délégués Chambre et Bally n'existent plus à ma connaissance dans notre ville ; la famille Philippé a fini par deux sœurs, Mesdames Leblond et Pollingue ; la fille de celle-ci avait épousé M. Mareschal, capitaine distingué de la brigade de Savoie. La dernière descendante de M. Guigue de Revel est morte vers 1837, laissant pour héritiers M. le comte Tancrède de Chambost de Lépin et Mesdames de la Servette.

En 1747, M. de Garbillion, avocat général au Sénat de Savoie, fut, à son tour, enlevé et détenu à Miolans pendant cinquante deux jours et y trouva MM. Foncet de Montailleur et Chamoule, avocats à Annecy ; tous trois avaient résisté à d'injustes prétentions des Espagnols. (Burnier, *Histoire du Sénat de Savoie*, tome II, page 281.)

Telle est la fragilité des choses humaines ; il est vraiment effrayant de voir par les registres municipaux du siècle dernier, combien de familles, alors notables et mêlées aux affaires publiques, sont tombées dans l'oubli ou ont complètement disparu. Heureuses celles qui, en s'évanouissant, ont laissé la mémoire d'honorables et patriotiques actions !

Pourquoi ne pas rappeler, en terminant, les principaux résultats de cette guerre dont un épisode vient d'être reproduit ? Le traité d'Aix-la-Chapelle (16 octobre 1748), laissa au roi de Prusse ses conquêtes, donna au roi de Sardaigne l'entière souveraineté d'une partie du Milanais, — une feuille du célèbre artichaut, — à l'Infant don Philippe les duchés de Parme, Plaisance et Guastalla ; le grand-duc de Toscane, époux de Marie-Thérèse, fut reconnu empereur ; don Carlos de Bourbon, maintenu dans la royauté des deux Siciles, et la France ne voulut rien que pour ses alliés ; un des ambassadeurs de Louis XV dit que son maitre entendait faire la paix *en roi et non en marchand*. Les Parisiens se consolèrent en rimant des épigrammes dont voici un échantillon emprunté au journal de Barbier, avocat au Parlement de Paris :

> Tel qui prétendit ne rien prendre,
> Prit deux étrangers pour tout prendre,
> Prit un étranger pour tout rendre,
> Prit le Prétendant pour le prendre
> Et le rendre.

« Il faut l'explication de cette énigme. Le roi a dé-
« claré au commencement de la guerre qu'il ne voulait
« rien pour lui. Les deux étrangers dont il s'est servi
« pour prendre la Flandre, les Pays-Bas et une partie de
« la Hollande, sont les maréchaux de Saxe et de Lowen-
« dal. Il a envoyé à Aix-la-Chapelle M. le comte de
« Saint-Séverin, napolitain, en qualité de plénipoten-
« tiaire, qui a tout rendu ce qu'on avait pris. Il s'est servi
« du prince Edouard pour faire la diversion d'Angleterre,
« qu'il a fait ensuite arrêter pour le rendre et le mettre
« hors du royaume. »

Cette critique était un peu forcée, car l'Infant don Philippe était le gendre de Louis XV, don Carlos était comme eux descendant de Louis XIV, et la France avait pris pied dans l'ile de Corse.

Le comté de Nice et le duché de Savoie, celui-ci ruiné de fond en comble, rentrèrent sous le sceptre de Charles-Emmanuel, en attendant le jour où l'un de ses successeurs aurait l'appétit assez ouvert pour avaler l'ar-tichaut tout entier.

Les Espagnols quittèrent Chambéry le 3 janvier 1749 et furent remplacés par quatre bataillons de l'armée sarde sous les ordres de M. le colonel Favier, précédant de quelques jours D. Alexis della Chiesa di Cinzano, chevalier de l'Annonciade, nommé gouverneur et lieutenant général du duché de Savoie.

On trouve dans le registre des délibérations du Conseil de la ville de Chambéry, auxquelles j'ai fait de nombreux emprunts, le récit des fêtes données à l'occasion de cette paix si longtemps désirée et si chèrement achetée.

Chambéry, mai 1891.

H. LARACINE,

avocat à la Cour d'appel de Chambéry,

ancien bâtonnier.

RELATION

DE LA

PRISE D'APREMONT

PAR LES ESPAGNOLS

Le 19 décembre 1742

Ce récit, œuvre de R^d Dumollard, curé d'Apremont, est consigné sur un registre paroissial que cet ecclésiastique a commencé le 19 janvier 1743 et qui fut clos le 17 pluviôse 1794 par Farre, officier municipal, constatant un baptême administré par lui. La pièce reproduite ci-dessous est inscrite entre le procès-verbal d'un mariage célébré le 11 juin 1754 et celui d'un baptême du 10 août suivant :*

J'ai différé jusqu'à présent, mon cher lecteur, à vous donner l'époque de l'incendie de l'église et presbytère de cette paroisse, dans l'espérance de vous apprendre en même temps celle de leur rétablissement, mais comme je n'y vois encore aucune apparence, je vais satisfaire votre louable curiosité.

Quoique Charles sixième, dernier empereur de la maison d'Autriche, eût pris toutes les précautions pour assurer la succession des biens héréditaires dans sa famille et qu'il eût relâché des provinces et des royaumes entiers pour laisser la tranquille possession de ses États

---

* R^d Dumollard, qui fut curé d'Apremont pendant 52 ans, est décédé dans cette paroisse le 28 février 1775, à l'âge de 77 ans.

à ses deux filles, par une pragmatique sanction reçue et confirmée par toutes les couronnes intéressées de l'Europe, il ne fut pas mort que chacune oublia ce qu'elle avait promis. Le roi de Prusse fut le premier qui déclara la guerre à sa fille aînée, la reine d'Hongrie, pour avoir la Silésie. L'Électeur de Bavière fit valoir ses prétentions chimériques sur la Bohème et se faire empereur par le secours de la France. La reine d'Espagne fit valoir ses prétentions sur Parme et Plaisance, quoique elle ou son mari Philippe cinquième y eussent renoncé en faveur de D. Carlos, leur fils, qui avait été fait roi des Deux-Siciles en 1795. Sur ces prétentions, la guerre fut allumée. Une armée d'Espagne arrive dans la Provence sous les ordres de l'Infant don Philippe et du général de Glimes, se flattant d'entrer dans les États de Parme sans difficulté ; mais le roy de Sardaigne, dont les intérêts n'étaient pas communs avec ceux de l'Infant, lui ayant fermé le passage des Alpes, il fut obligé, avec son armée, de côtoyer les montagnes et d'entrer par le Galibié dans la Maurienne, et de venir camper sous le roc de Montmeillan au commencement de septembre 1742, où la malheureuse Savoie fut obligée de lui fournir du grain et du fourrage jusqu'au 15 octobre suivant, que le roi de Sardaigne, descendu avec une armée de 12,000 hommes, de laquelle il fit quelques détachements qui, traversant les montagnes des Bauges, s'emparèrent de la ville d'Annecy et balayèrent la plaine. Le roy en fit de même dans la Tarentaise et les deux armées se trouvèrent sur les deux heures de l'après midi sous Montmeillan le 15 octobre.

Il y avait lieu de croire qu'il y aurait lieu à une action, étant à forces égales, mais l'Infant ne voulut pas que cette journée décida de son sort, il se replia sous le canon de Barreau où il demeura campé jusqu'au 29 décembre, et le roy de Sardaigne ne trouvant pas à propos de le poursuivre en France, fit camper son armée dans la plaine de Francin, fit palissader le château des

Marches, le couvent de Myans et le château d'Apremont, et mit dans chaque poste des détachements pour garder l'entrée de ses États. Les deux armées souffrirent extrêmement de la rigueur du froid, ce qui occasionna la désertion de plus de la moitié de l'armée du roy, qui, pour la renforcer, fit prendre les armes au pays par le mauvais conseil d'un de ses généraux et qui faillit entraîner sa destruction entière. L'infant au contraire reçut un renfort de 6,000 hommes, parmi lesquels il y avait plus de deux mille mignons soit miquelets, ce qui le détermina à faire une seconde tentative pour rentrer en Savoye. Ce fut le 18 décembre que l'armée d'Espagne, sous les ordres du général de las Minas, quitta son camp de Barreau, marcha pendant la nuit sur plusieurs colonnes conduites par des gens de Chapareillan et côtoyant la colline dans les abîmes, sous la montagne, et arriva le 19 décembre 1742, sur les neuf heures du matin, au village du Villard ; le château fut sommé de se rendre, mais le commandant ne le pouvant faire avec honneur, ayant environ 300 hommes tant en troupes réglées que païsants et une compagnie de tireurs, il fut battu jusqu'au 21 par six petites pièces ; la garnison y répondit par un grand feu de mousqueterie et des arquebuses ; la tranchée fut ouverte au champ du Chaney, et enfin le 21, à deux heures après minuit, le château se rendit à discrétion. Le pillage fut donné dès le 15 décembre, jour de leur entrée ; les mignons furent détachés pour battre l'estrade, ils arrivèrent les premiers à la porte de la cure sur les neuf heures du matin, ils firent sauter les serrures à coups de fusil, prirent ce que j'avais d'argent tant sur moi que dans mon garde robbe, emmenèrent mon cheval et deux vaches ; deux heures après arriva toute l'armée, ce fut un sacq parfait ; ils eurent la cruauté de me déshabiller, ils enlevèrent tout ce qui se peut emporter, meubles, linge, vaisselle, le reste du bétail, grains, fourrage, burent le vin, répandirent le reste, brûlèrent les tonneaux, emportèrent les fers. Ce fut ici que les Dauphinois soutinrent leur caractére de pillards, ils...... ils indiquaient, ils ne manquèrent point de s'enrichir de nos dépouilles. Le pillage fut donné dans la dernière rigueur pendant lequel on exerça les dernières violences, viols, feu, les vignes arrachées, les arbres coupés, rien n'échapa à l'avidité du soldat; il satisfit sa brutalité, brûla le village du Crôset; j'eus le bonheur de sauver l'église du pillage et du sacrilège, mais je ne pus la garantir ny le presbytère de l'incendie, qui arriva le 26 décembre, jour de Saint-Étienne, par le peu d'ordre du général qui y était logé, le feu prit à l'étable où s'était retiré toutes sortes de gens, par le fourrage dont il était plein. Je sortis de l'église le Saint Sacrement et l'emportay chez le Sr Didier jusqu'au lendemain; je courus dans ces tristes et tragiques événements plusieurs fois risque de la vie. L'église de Saint-Baldoph fut pillée, dévastée et l'on y fit les plus abominables prophanations.

Dans la cure se sont perdus par le feu ou par le pillage tous les titres qui concernaient le bénéfice et ceux de ma famille, et entre autres les registres des baptêmes, mariages et enterrements de plus de cent années...........

....

Signé : P. DUMOLLARD, *curé*.

Voilà, mon cher lecteur, un abrégé de l'histoire tragique arrivée dans cette commune que j'ai cru devoir vous traduire, pour vous rendre plus précautionné, si le cas arrivait, et de vous défier toujours des armées, tant amies qu'ennemies, quand elles sont dans le voisinage.

Chambéry. — Imprimerie Savoisienne, rue du Château.

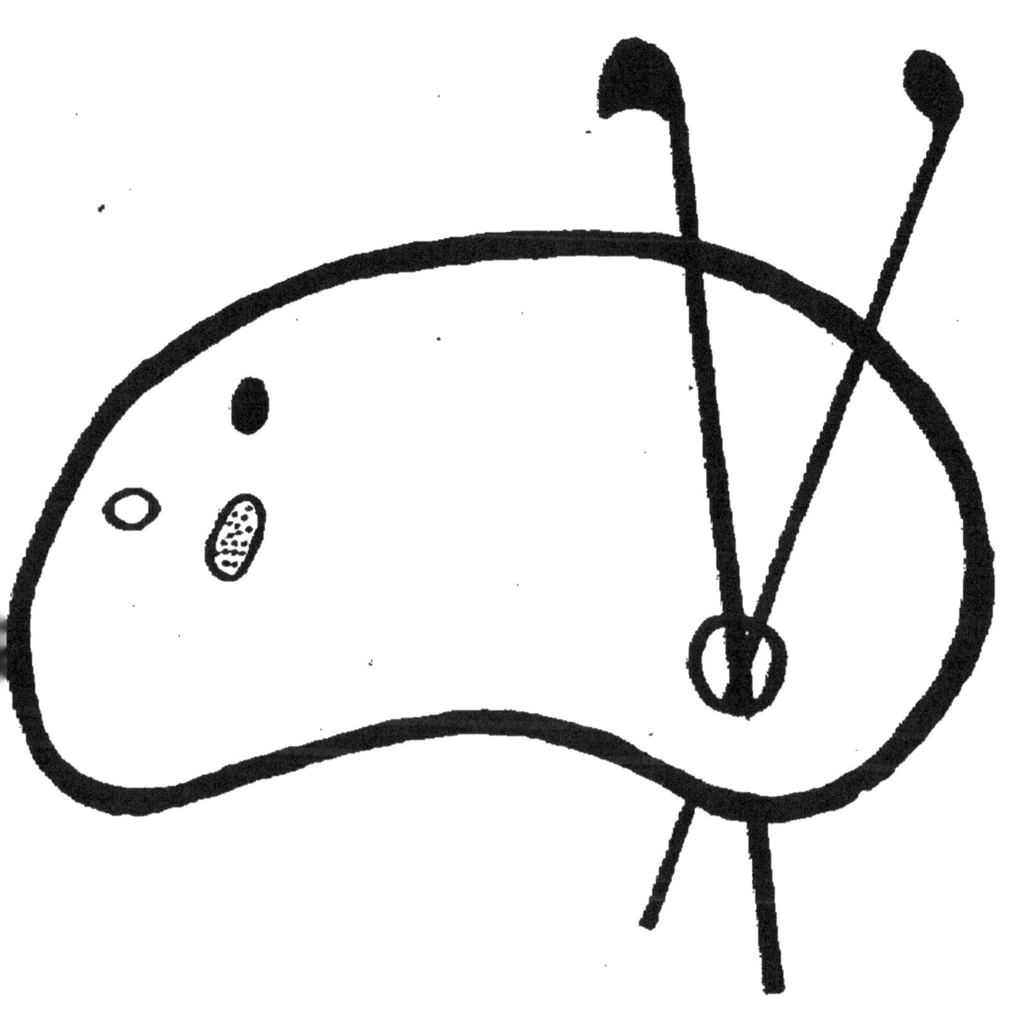

ORIGINAL EN COULEUR

NF Z 43-120-8